Na jornada com Cristo

Max Lucado

Na jornada com Cristo

O roteiro de Deus para a realização pessoal

Traduzido por
Maria Emília de Oliveira

mundocristão
São Paulo

Os textos das referências bíblicas foram extraídos da *Nova Versão Internacional* (NVI), da Sociedade Bíblica Internacional, salvo indicação específica.

Dados Internacionais de Catalogação na Publicação (CIP)
(Câmera Brasileira do Livro, SP, Brasil)

Lucado, Max

Na jornada com Cristo: o roteiro de Deus para a realização pessoal / Max Lucado; traduzido por Maria Emília de Oliveira — São Paulo: Mundo Cristão, 2011.

Título original: Let the Journey Begin.
Bibliografia.

1. Presença de Deus 2. Vida cristã — meditações I. Título.

11-03720 CDD — 242

Índice para catálogo sistemático:
1. Vida cristã: Meditações: Cristianismo 242

Categoria: Autoajuda

Publicado no Brasil com todos os direitos reservados por:
Editora Mundo Cristão
Rua Antônio Carlos Tacconi, 79, São Paulo, SP, Brasil, CEP 04810-020
Telefone: (11) 2127-4147
Home page: www.mundocristao.com.br

1ª edição: julho de 2011
2ª reimpressão: 2011

Sumário

Uma bifurcação na estrada
decidindo que caminho seguir

Perigos e desvios adiante
reduza a velocidade, evite acidentes

Prefácio

Bem no fundo do coração você encontrará a procura por um sentido na vida, a busca incessante por um propósito.

Se você perguntar aos adeptos do secularismo: "Qual é o significado da vida?", eles responderão: "Não sei". Na melhor das hipóteses, talvez concordem que somos animais evoluídos. Na pior, dirão que somos poeira espacial reorganizada.

Que contraste com a visão de Deus sobre a vida: "[...] somos criação de Deus realizada em Cristo Jesus para fazermos boas obras, as quais Deus preparou antes para nós as praticarmos" (Ef 2:10).

Deus colocou a mão em seu ombro e disse: "Você é especial".

Sem estar limitado pelo tempo, ele vê todos nós. Na verdade, ele nos viu antes de nascermos.

E ele ama o que vê. Transbordando de emoção, explodindo de orgulho, o Criador das estrelas vira-se para nós, um a um, e diz: "Você é meu filho. Eu o amo muito".

E ele nos ama para sempre. Se um dia você lhe der as costas e se afastar, ele estará pronto para providenciar um caminho de volta. Nada pode separá-lo do amor de Deus. Se você fixar essas verdades com firmeza no coração, estará pronto para vencer tudo o que encontrar na estrada que tem pela frente.

Portanto, dê início à jornada!

MAX LUCADO

Que Deus maravilhoso!

Medite nas realizações de Deus.
Ele não fecha os olhos para o nosso pecado,
nem abre mão dos seus preceitos.

Não faz vista grossa a nossa rebelião,
nem afrouxa suas exigências.

Em vez de desconsiderar nossos pecados,
ele os assume e (inacreditável!) sentencia-se a si mesmo.

A santidade de Deus é honrada.
Nosso pecado é punido... e somos redimidos.

Deus faz o que não podemos fazer para que possamos ser
o que nem sequer ousamos sonhar: perfeitos diante de Deus.

Nas garras da graça

O plano de Deus para a jornada da vida

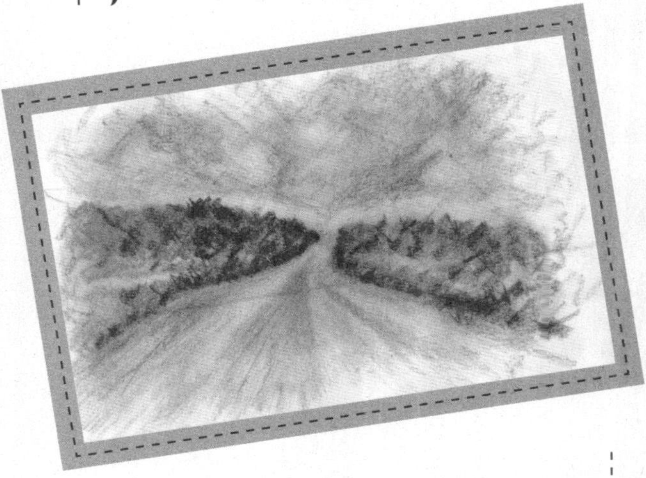

um mapa da estrada
para o sucesso

Orientação para a estrada adiante

> Ocupe-se com a natureza de Deus, não com o tamanho dos seus próprios bíceps...
>
> A pergunta fundamental na vida não é: "Quão forte sou eu?", mas "Quão forte é Deus?".

Foi o que Deus ordenou a Moisés. Lembra-se da conversa diante da sarça em chamas? O tom foi determinado na primeira sentença. "[...] Tire as sandálias dos pés, pois o lugar em que você está é terra santa" (Êx 3:5). Com essas quinze palavras Moisés foi matriculado num curso sobre Deus. Imediatamente os papéis são definidos. Deus é santo. Aproximar-se dele, por menor que seja a distância, é pretensão demais... Não se gasta tempo convencendo Moisés do que ele é capaz de fazer, mas se gasta muito tempo explicando a Moisés o que Deus é capaz de fazer.

Você e eu temos a tendência de fazer o oposto. Explicaríamos a Moisés que ele é a pessoa ideal para retornar ao Egito... Depois o lembraríamos de que ele é a pessoa perfeita para viajar pelo deserto... Gastaríamos tempo revisando com Moisés seu currículo e sua força.

Deus, porém, não age assim. A força de Moisés não é levada em conta. Não há palavras de estímulo, não há tapinhas nas costas. Nem ao menos uma palavra é proferida para recrutar Moisés. Mas muitas palavras são usadas para revelar Deus. A questão fundamental não é a força de Moisés, mas sim a força de Deus.

A GRANDE CASA DE DEUS

A força do amor de Deus

Não foram os pregos que prenderam
Deus numa cruz. Foi o amor.

"Pode alguma coisa me impedir de amar você?", Deus pergunta. "Observe que falo sua língua, durmo em sua terra e sinto suas dores. Contemple o Criador da visão e do som quando ele espirra, tosse e assoa o nariz. Quer saber se eu entendo como você se sente? Olhe dentro dos olhos vibrantes do menino de Nazaré; é Deus indo à escola. Pense na criança à mesa de Maria; é Deus derramando o leite no chão.

"Quer saber até quando meu amor vai durar? Encontre a resposta numa cruz lascada, no alto de um monte íngreme. É a mim que você vê lá em cima, o seu Criador, o seu Deus, transpassado por pregos e sangrando, coberto de cuspe e encharcado do pecado. É o seu pecado que estou sentindo. É a sua morte que estou morrendo. É a sua ressurreição que estou vivendo. É esse o tamanho do meu amor por você."

NAS GARRAS DA GRAÇA

Atrás das grades

Mude sua vida mudando
seu coração.

Pense desta forma: o pecado põe você na prisão.

O pecado o colocou atrás das grades da culpa, da vergonha, da desilusão e do medo. O pecado o algemou ao muro da desgraça. Mas Jesus veio e pagou a sua fiança, cumpriu a sua sentença, saldou a sua dívida e o libertou. Cristo morreu, e, quando você uniu-se ele, seu velho "eu" também morreu.

A única maneira de libertar-se da prisão do pecado é cumprindo a pena. Nesse caso, a pena é a morte. Alguém tem de morrer: ou você ou um substituto enviado do céu. Você só pode sair da prisão se houver uma morte. Porém, essa morte ocorreu no Calvário. E, quando Jesus morreu, você morreu para a reivindicação do pecado em sua vida. Você está livre.

NAS GARRAS DA GRAÇA

Um novo jogador no time

[Deus] deu-nos vida com Cristo, quando ainda estávamos mortos em transgressões (Ef 2:5).

Na infância, jogávamos futebol na rua com os meninos da vizinhança. Assim que chegávamos da escola, abandonávamos os livros e saíamos para brincar na calçada. O pai do menino que morava do outro lado da rua tinha grande paixão por futebol. Assim que ele chegava de carro do trabalho, começávamos a gritar para que viesse jogar bola conosco. Ele não conseguia resistir. Imparcial, ele sempre perguntava: "Que time está perdendo?". E passava a jogar naquele time, que quase sempre era o meu.

Sua entrada modificava o jogo inteiro. Ele era seguro, forte e, acima de tudo, tinha um plano. Fazíamos um círculo ao redor dele, que olhava para nós e dizia: "Muito bem, meninos, é assim que vamos fazer...". O outro time começava a suspirar antes mesmo de decidirmos as jogadas. Além de termos um novo plano, tínhamos um novo líder.

Ele trazia vida nova ao time. Deus faz exatamente isso. Não precisávamos de um novo jogo; precisávamos de um novo plano. Não precisávamos trocar posições; precisávamos de um novo jogador. Esse jogador é Jesus Cristo, o Filho primogênito de Deus.

NAS GARRAS DA GRAÇA

A verdade triunfará

Responda à grande pergunta sobre a eternidade, e as pequenas perguntas da vida serão compreendidas.

Imagine que você esteja participando de um concurso de patinação no gelo. Você está em primeiro lugar e se apronta para a apresentação final. Se você se sair bem, o troféu será seu. Você está nervoso, ansioso e amedrontado. De repente, apenas alguns minutos antes da apresentação, o treinador corre em sua direção com esta notícia sensacional: "Você já venceu! Os juízes contaram os pontos, e o segundo colocado não poderá alcançá-lo. Você tem muitos pontos a mais que ele".

Como você se sentirá ao ouvir essa notícia? Feliz da vida!

E como será sua apresentação? Tímida? Cautelosa? Claro que não. Terá coragem e confiança? Claro que sim.

Você fará o melhor porque o prêmio é seu. Patinará como um campeão porque é isso que você é! E ouvirá os aplausos da vitória...

O ponto principal está claro: a verdade triunfará. O Pai da verdade vencerá, e os seguidores da verdade serão salvos.

O APLAUSO DO CÉU

O caráter produz coragem

Fé é a determinação na alma que acrescenta ousadia aos sonhos.

Uma lenda indiana conta a história de um rato que morria de medo de gatos até o dia em que um mágico concordou em transformá-lo num gato. A mágica tirou-lhe o medo... até o dia em que ele encontrou um cachorro. O mágico, então, transformou-o num cão. O rato que foi transformado em gato e depois em cão ficou feliz até que encontrou um tigre — e, mais uma vez, o mágico transformou-o no animal que ele mais temia. Quando, porém, o tigre começou a reclamar que havia encontrado um caçador, o mágico se recusou a ajudá-lo. "Vou transformá-lo em rato novamente, porque, apesar de ter corpo de tigre, você continua a ter coração de rato."

A história lhe parece familiar? Quantas pessoas você conhece que desenvolveram uma estrutura externa intimidadora, mas, por dentro, tremem de medo? Para lidar com as ansiedades, assumimos a aparência de um tigre. Enfrentamos nossos medos com a força...

Ou, se não usamos a força, tentamos outros métodos. Acumulamos riqueza. Buscamos segurança em bens materiais. Cultivamos fama e corremos atrás de posição social.

Será que esses métodos funcionam? Será que o poder, os bens materiais ou a popularidade são capazes de livrar-nos dos nossos medos?

A coragem é o resultado de quem somos. Os apoios externos podem sustentar-nos temporariamente, mas somente o caráter interior produz coragem.

O APLAUSO DO CÉU

Quando Deus diz não

Há ocasiões em que a única coisa que você quer é a única que jamais conseguirá...

Para Deus, é preferível termos um defeito temporário na perna a precisarmos usar uma muleta para sempre. E se for necessário que Deus use um espinho para nos fazer entender seu objetivo, ele nos amará o suficiente para não retirá-lo.

Tudo o que você deseja é uma porta aberta, um dia a mais ou uma oração respondida, algo pelo qual será agradecido.

E você ora e espera.

Nenhuma resposta.

Você ora e espera.

Nenhuma resposta.

Você ora e espera.

Posso fazer-lhe uma pergunta muito importante? E se Deus disser não?

E se o pedido demorar ou for negado? Quando Deus diz não, como você reage? Se Deus disser: "Eu lhe dou a minha graça, e isso basta", você ficará satisfeito?

Satisfeito. A palavra é essa. Um estado de espírito no qual você se sentirá em paz se Deus não lhe der nada além do que você já tem. Faça um teste consigo mesmo com esta pergunta: Se a única dádiva de Deus para você fosse sua graça salvadora, você ficaria satisfeito?

E se a resposta dele fosse: "Minha graça é suficiente". Você ficaria satisfeito?

Veja bem, de acordo com a perspectiva do céu, a graça é suficiente.

NAS GARRAS DA GRAÇA

Todos nós precisamos de um Pai

Se você quiser tocar o coração de Deus, use o nome que ele adora ouvir. Chame-o de Pai.

Recentemente, minha filha Jenna e eu passamos vários dias na cidade velha de Jerusalém... Uma tarde, quando saíamos pela porta de Jaffa, vimos à nossa frente uma família judia ortodoxa — o pai e três filhas pequenas. Uma das meninas, talvez de quatro ou cinco anos, ficou um pouco atrás e não conseguia enxergar o pai. "Aba!", ela gritou. Ele parou e olhou. Só então percebeu que se distanciara da filha. "Aba!", ela gritou mais uma vez. Ele a localizou e imediatamente estendeu-lhe a mão...

O pai segurou firme a mão da filha enquanto desciam a rampa. Quando o semáforo abriu, ele ajudou as três meninas a atravessarem o cruzamento. No meio da rua, ele abaixou-se, tomou a filha menor nos braços, e todos continuaram a caminhada.

Isso não é tudo o que necessitamos? Um aba que nos ouça quando chamamos? Que segura nossa mão quando estamos fracos? Que nos guia nos cruzamentos agitados da vida? Será que todos nós não precisamos de um aba que nos carregue nos braços e nos leve para casa? Todos nós precisamos de um pai.

A GRANDE CASA DE DEUS

Nem todo dia é "dia de três biscoitos"

Até Jesus recebeu uma porção que ele próprio achou difícil de engolir, mas, com a ajuda de Deus, ele a engoliu (cf. Mt 26:39).

Certa noite, durante o devocional da família, chamei minhas filhas para se sentarem à mesa e coloquei um prato diante de cada uma. No centro da mesa coloquei uma variedade de alimentos: frutas, legumes crus e alguns biscoitos. "Todos os dias", expliquei, "Deus nos prepara um prato de experiências. De que tipo de prato vocês mais gostam?".

A resposta foi fácil. Sara colocou três biscoitos no prato. Alguns dias são assim, não é mesmo? Alguns dias são "dias de três biscoitos". Muitos não são. Às vezes, nosso prato contém apenas legumes — 24 horas de aipo, cenouras e abóbora. Evidentemente, Deus sabe que precisamos de energia, e, embora a porção seja difícil de engolir, é para nosso bem, certo? Na maioria dos dias, porém, temos de tudo um pouco: legumes, que são saudáveis, mas sem graça; frutas, que são mais saborosas e apreciamos muito; e até mesmo um biscoito, que contribui pouco para nossa nutrição, mas muito para nossa atitude...

Na próxima vez em que houver mais brócolis que torta de maçã em seu prato, lembre-se de quem preparou a refeição. E na próxima vez em que houver em seu prato uma porção que você ache difícil de engolir, converse com Deus sobre isso. Jesus conversou.

A GRANDE CASA DE DEUS

A cura para a decepção

Quando Deus se recusa a fazer o que queremos, não é fácil. Nunca foi. Nunca será. Mas fé é a certeza de que Deus sabe mais do que nós sobre esta vida e irá nos conduzir.

Não peça a Deus que ele faça o que você quer. Peça a Deus que ele faça o que é certo.

Lembre-se: a decepção se cura com expectativas renovadas.

Gosto da história de um homem que foi a um pet shop para comprar um periquito que fosse capaz de cantar. Pelo visto, ele era solteiro, e sua casa, silenciosa demais. O dono da loja tinha o periquito ideal para ele; portanto, o homem comprou o animal.

No dia seguinte, o solteirão voltou do trabalho para casa, agora um lugar cheio de música. Ao aproximar-se da gaiola a fim de alimentar o periquito, notou pela primeira vez que a ave tinha apenas uma perna.

Ele se sentiu enganado por ter comprado um pássaro de uma perna só, então ligou para a loja e reclamou.

"O que você quer?" — o dono da loja retrucou. "Um pássaro que saiba cantar ou um pássaro que saiba dançar?".

Boa pergunta em tempos de decepção.

In the Word with Max Lucado
[Na Palavra com Max Lucado]

Deus promete alegria

A alegria de Deus não é recebida por aqueles que a conquistam, mas por aqueles que admitem que não a merecem.

Nove vezes ele promete alegria. E promete a uma multidão inusitada:

- "Aos pobres em espírito." Mendigos que recebem sopa gratuita de Deus.
- "Aos que choram." Pecadores Anônimos unidos pela verdade no momento em que se apresentam: "Oi, sou eu. Sou um pecador".
- "Aos humildes." Pianos da casa de penhores tocados por Van Cliburn. (Ele é tão talentoso que ninguém nota a falta de algumas teclas.)
- "Aos que têm fome e sede." Órfãos famintos que sabem a diferença entre comida congelada e um banquete na noite de Natal.

- "Aos misericordiosos." Ganhadores de um milhão de dólares na loteria que dividem o prêmio com seus inimigos.
- "Aos puros de coração." Médicos que amam os leprosos e escapam da lepra.
- "Aos pacificadores." Arquitetos que constroem pontes com madeira de uma cruz romana.
- "Aos perseguidos." Aqueles que conseguem manter um olho no céu enquanto percorrem o inferno na terra.

É a esse grupo de peregrinos que Deus promete uma bênção especial. Uma alegria celestial. Um deleite sagrado.

No entanto, essa alegria não é barata. O que Jesus promete não é um artifício para nos causar arrepios, nem uma atitude mental que tenha de ser incentivada antes de um jogo importante. Não, Mateus 5 descreve como Deus reconstrói radicalmente o nosso coração.

O APLAUSO DO CÉU

Concentre-se na tarefa que você tem em mãos

> Alegre-se em servir ao Senhor, e ele lhe dará o que você deseja; confie nele, e ele cuidará de você (cf. Sl 37:4-5).

A vida por si só é difícil. E fica mais difícil ainda quando seguimos na direção errada.

Uma das incríveis aptidões de Jesus era permanecer concentrado no alvo. A vida dele nunca saiu dos trilhos. Jesus não tinha dinheiro, não tinha computadores, não tinha jatinhos, não tinha um assistente administrativo ou uma equipe de colaboradores. Contudo, ele fez o que muitos não conseguem fazer. Ele manteve a vida no rumo certo.

Quando olhou para o horizonte do seu futuro, Jesus viu muitos alvos, muitas bandeiras tremulando ao vento, que ele poderia ter-se empenhado em alcançar. Jesus poderia ter sido um revolucionário político. Poderia ter sido um líder nacional. Mas, no final, escolheu ser o Salvador e salvar almas.

Qualquer pessoa que esteve perto de Cristo por qualquer espaço de tempo ouviu dele próprio: "Pois o Filho do homem veio buscar e salvar o que estava perdido" (Lc 19:10). "Pois nem mesmo o Filho do homem veio para ser servido, mas para servir e dar a sua vida em resgate por muitos" (Mc 10:45).

O coração de Cristo estava concentrado de modo implacável em uma tarefa. No dia em que deixou a carpintaria em Nazaré, ele tinha um objetivo — a cruz do Calvário. Estava tão concentrado nisso que suas últimas palavras foram: "Está consumado!" (Jo 19:30).

Como Jesus pôde dizer que sua tarefa estava concluída? Ainda havia famintos para alimentar, enfermos para curar, ainda era preciso dar instrução aos que não tinham conhecimento e amar os que eram rejeitados. Como ele pôde dizer que tudo estava consumado? Simples. Ele completou a tarefa que lhe fora designada. Sua missão estava cumprida. O pintor poderia pôr de lado o pincel, o escultor poderia baixar o cinzel, o escritor poderia abandonar a caneta. O trabalho estava feito.

Você não adoraria ser capaz de dizer o mesmo? Não amaria fazer uma retrospectiva da sua vida e ver que cumpriu a missão para a qual foi chamado?

Simplesmente como Jesus

Você perdeu a audição?

Era uma vez um homem que desafiou Deus a falar.

Faz a sarça ser consumida pelo fogo como fizeste por Moisés, Deus.

E eu te seguirei.

Derruba os muros como fizeste por Josué, Deus.

E eu lutarei.

Acalma a tempestade como fizeste na Galileia, Deus.

E eu ouvirei.

E o homem sentou-se ao lado de uma sarça, junto a um muro, perto do mar e esperou Deus falar.

E Deus ouviu o homem, portanto Deus respondeu.

Enviou fogo, não para uma sarça, mas para uma igreja.

Derrubou um muro, não de tijolos, mas de pecado.

Acalmou a tempestade, não do mar, mas de uma alma.

E Deus esperou a resposta do homem.

E esperou...

E esperou...

E esperou...

No entanto, por estar olhando para sarças, não para corações; para tijolos, não para vidas; para mares, não para almas, o homem concluiu que Deus não havia feito nada.

Finalmente, ele olhou para Deus e perguntou:

Perdeste o poder?

E Deus olhou para o homem e disse:

Você perdeu a audição?

Ouvindo Deus na tormenta

Pare, olhe e escute

bons hábitos para uma boa jornada

Hábitos saudáveis

> O crescimento é o objetivo do cristão.
> A maturidade é seu dever.

Gosto da história do garotinho que caiu da cama. Quando a mãe perguntou o que acontecera, ele respondeu: "Não sei. Acho que fiquei muito perto do lugar onde me deitei".

É fácil fazer o mesmo com nossa fé. É tentador permanecer no lugar que escolhemos para ficar e não sair dali.

Lembre-se de uma época não muito distante da sua vida. Um ou dois anos atrás. Agora, faça algumas perguntas a si mesmo. Como você compara sua vida de oração de hoje com a daquele tempo? E quanto à sua generosidade? O volume e a alegria da doação cresceram na mesma proporção? E quanto à sua lealdade para com a igreja? Pode afirmar que cresceu? E quanto aos estudos bíblicos? Está aprendendo a aprender?

São esses os quatro hábitos que merecem ser adotados. Não é bom saber que algumas práticas lhe fazem bem? Inclua-as em sua rotina e cresça. Não cometa o erro do garotinho. Não fique perto demais do lugar em que você se deitou. É arriscado dormir na beira da cama.

QUANDO DEUS SUSSURRA O SEU NOME

Orações são joias preciosas

Sua oração na terra aciona o poder de Deus no céu, e "a vontade de Deus é feita assim na terra como no céu".

Você pode falar com Deus porque ele ouve. Deus o leva muito a sério. Sua voz é importante no céu. Quando você entra na presença de Deus, os assistentes viram-se para ouvir sua voz. Não é preciso ter medo de ser rejeitado. Mesmo que você gagueje, tropece nas palavras, ou que o que você tem a dizer não impressione ninguém, impressiona Deus — e ele ouve...

Atentamente. Cuidadosamente. As orações são estimadas como joias preciosas. Purificadas e cheias de poder, as palavras sobem como uma fragrância deliciosa em direção ao nosso Deus... Tudo o que você diz não para enquanto não chega ao verdadeiro trono de Deus...

Suas orações convencem Deus a mudar o mundo. Talvez você não entenda o mistério da oração. Não há necessidade. Mas isto é muito claro: as ações no céu começam quando alguém ora na terra. Que pensamento maravilhoso!

A GRANDE CASA DE DEUS

Aponte sua bússola para a direção certa

O problema não é que Deus não falou,
mas sim que nós não ouvimos.

Imagine qual seria sua reação se eu abrisse uma lista telefônica e dissesse bem alto: "Descobri uma lista de todas as pessoas endinheiradas!". Ou se eu dissesse: "Aqui está uma lista dos diplomados em faculdade". Ou então: "Esta lista menciona quem tem carro vermelho". Provavelmente, você diria: "Ei, espere um pouco. Essa não é a finalidade da lista. Você tem em mãos uma lista telefônica, ou seja, o propósito dela é simplesmente mencionar o nome e o número do telefone dos habitantes de uma cidade durante determinado período de tempo".

Só poderei fazer bom uso da lista telefônica se entender sua finalidade. Só poderei fazer bom uso da Bíblia se entender sua finalidade...

A finalidade da Bíblia é simplesmente proclamar o plano de Deus para salvar seus filhos. Ela afirma que o homem está perdido e precisa ser salvo. Ela também traz a mensagem de que Jesus é o Deus nascido em forma de homem para salvar seus filhos.

Embora tenha sido escrita ao longo de dezesseis séculos por pelo menos quarenta autores, a Bíblia tem um tema central — a salvação mediante a fé em Cristo. Começando por Moisés no ermo deserto da Arábia e terminando com João na desabitada ilha de Patmos, a Bíblia é amarrada por um fio muito forte: a paixão de Deus por seus filhos e o plano dele para salvá-los.

Que verdade relevante! Entender a finalidade da Bíblia é como apontar a bússola para a direção certa. Regule-a corretamente e tenha uma jornada segura. Mas, se deixar de regulá-la, ninguém sabe aonde você irá parar.

In the Word with Max Lucado
[Na Palavra com Max Lucado]

A graça nos ensina a viver

> Houve alguma vez em que fizemos concessões à noite, sabendo que confessaríamos pela manhã?
>
> A pessoa que vê a graça como permissão para pecar equivocou-se completamente a respeito de seu significado. Quem entende a misericórdia almeja a santidade.

É fácil ser como o homem que, em visita a Las Vegas, telefonou para o pastor querendo saber o horário do culto de domingo. O pregador ficou impressionado.

— A maioria das pessoas que visita Las Vegas não vem para ir à igreja.

— Ah, eu não vim para isso. Estou aqui para jogar, festejar e farrear com mulheres. Se eu me divertir metade do que pretendo, vou precisar ir a uma igreja no domingo.

É esse o significado da graça? Deus tem o objetivo de promover a desobediência? Não mesmo! "Porque a graça [...] nos ensina a renunciar à impiedade e às paixões mundanas e a viver de maneira sensata, justa e piedosa nesta era presente" (Tt 2:11-12). A graça de Deus libertou-nos do egoísmo. Por que dar um passo atrás?

NAS GARRAS DA GRAÇA

Exposto a um alto padrão

Vocês foram libertados do pecado
e tornaram-se escravos da justiça
(Rm 6:18).

Durante a maior parte de minha vida fui uma pessoa desleixada. Tinha dificuldade de enxergar a lógica de ser organizado. Por que arrumar a cama se você vai voltar a dormir nela à noite? Que sentido faz lavar os pratos após uma única refeição? Não é mais fácil deixar as roupas no chão, aos pés da cama, para que estejam lá quando você se levantar e for vesti-las?

Foi então que me casei...

Inscrevi-me num programa de doze passos para pessoas desleixadas. ("Meu nome é Max Lucado. Odeio usar aspirador de pó.") Um fisioterapeuta ajudou-me a redescobrir os músculos usados para pendurar camisas e colocar o rolo de papel higiênico no lugar. Meu nariz foi novamente apresentado à fragrância de desinfetantes de banheiro...

Chegou, então, a hora da verdade. Denalyn ausentou-se da cidade por uma semana. No início, voltei ao "velho homem". Imaginei que poderia ser desleixado por seis dias e organizado no sétimo. Mas algo estranho aconteceu, um desconforto curioso. Não conseguia relaxar vendo tantos pratos sujos na pia.

O que aconteceu comigo?

Simples. Eu fora exposto a um alto padrão.

Não foi isso que aconteceu conosco?

Antes de Cristo entrar em nossa vida, éramos descontrolados, desorganizados e indulgentes. Não sabíamos que éramos desleixados até encontrá-lo...

De repente descobrimos que queríamos fazer o certo. Voltar à antiga desordem? Nem de brincadeira!

NAS GARRAS DA GRAÇA

A ponte da confissão

Aqueles que ocultam segredos de Deus distanciam-se dele. Aqueles que são sinceros para com Deus aproximam-se dele.

Havia dois fazendeiros que não se suportavam. Um grande desfiladeiro separava as duas fazendas, mas, para comprovar a aversão que sentiam um pelo outro, cada um construiu uma cerca na beira do abismo, no limite de sua propriedade, para manter o outro afastado.

No entanto, com o passar do tempo, a filha de um conheceu o filho do outro, e o casal apaixonou-se. Determinados a não ficarem separados pela insensatez dos pais, eles destruíram a cerca e usaram a madeira para construir uma ponte de um lado a outro do desfiladeiro.

A confissão faz isso. O pecado confessado torna-se a ponte sobre a qual podemos caminhar de volta à presença de Deus.

Nas garras da graça

O navio de Deus

Deus ama meu próximo e faz
dele meu irmão.

Deus recrutou-nos para fazer parte de sua marinha e colocou-nos em seu navio. A embarcação tem um propósito: transportar-nos em segurança até a outra praia.

Não se trata de um navio de cruzeiro; trata-se de um navio de guerra. Não fomos chamados a uma vida de ócio; fomos chamados a uma vida de serviço. Cada um de nós tem uma tarefa diferente. Alguns, preocupados com os que estão se afogando, resgatam as pessoas da água. Outros estão ocupados com o inimigo, por isso manejam os canhões da oração e adoração. Há ainda aqueles que se dedicam à tripulação, alimentando e treinando o pessoal.

Embora diferentes, somos iguais. Cada um de nós tem uma história para contar a respeito de um encontro pessoal com o capitão, porque cada um de nós recebeu um chamado particular. Ele nos encontrou entre os barracos do porto e encorajou-nos a segui-lo. Nossa fé nasceu no momento em que vimos sua ternura, e o acompanhamos.

Nós o seguimos pela prancha de sua graça e embarcamos no mesmo navio. Há um capitão e um destino. Embora a batalha seja violenta, a embarcação é segura, porque nosso capitão é Deus. O navio não afundará. Quanto a isso, não há nenhuma preocupação.

NAS GARRAS DA GRAÇA

Sincero para com Deus

Nas garras da graça, você é livre para ser sincero.

Nosso treinador de beisebol tinha uma regra rígida quanto a mascar fumo. No time havia alguns jogadores que eram conhecidos por mascar fumo às escondidas, e o treinador queria chamar nossa atenção para isso.

Muito bem, ele de fato conseguiu: pouco tempo depois, todos nós havíamos passado pela experiência de mascar fumo. O teste para provar nossa masculinidade era dar uma mascada quando a bolsa passasse de mão em mão no banco. Eu mal havia conquistado um lugar no time; com certeza não faria feio no teste de masculinidade.

Um dia, quando acabei de colocar uma porção de fumo na boca, um dos jogadores avisou: "O treinador está vindo!". Sem querer ser pego, fiz o que me ocorreu naturalmente. Engoli. Engasguei.

Acrescentei um novo significado ao texto bíblico: "A fraqueza tomou conta de mim. Gemi o dia inteiro... Minhas forças se esvaíram no calor do verão". Paguei o preço por ocultar minha desobediência.

Meu corpo não foi feito para ingerir fumo. Sua alma não foi feita para ingerir pecado.

Posso fazer-lhe uma pergunta franca? Você está ocultando segredos de Deus? Alguma parte de sua vida saiu dos limites? Há porões fechados com tapumes ou sótãos trancados? Há alguma parte de seu passado ou presente que você espera nunca discutir com Deus?

Aceite o palpite de um jogador de beisebol acometido de náusea. Você se sentirá melhor se puser tudo para fora.

NAS GARRAS DA GRAÇA

O solo da alma

Descobrimos a alegria quando
saímos da prisão do orgulho e nos
arrependemos de nossa rebelião.

A confissão faz para a alma o mesmo que o preparo da terra faz para a plantação. Antes de lançar as sementes, o agricultor trabalha a terra, removendo pedras e arrancando tocos. Ele sabe que a semente se desenvolverá melhor se a terra for preparada. Confissão é o ato de convidar Deus para percorrer o terreno de nosso coração. "Há uma pedra de ganância ali, Pai, e não consigo removê-la. E aquela árvore de culpa perto da cerca? Suas raízes são longas e profundas. Posso também mostrar-lhe uma parte seca do solo, dura demais para receber a semente?" A semente de Deus se desenvolverá melhor se o solo do coração estiver limpo.

E, então, o Pai e o Filho percorrerão o campo juntos; cavoucando e capinando, preparando o coração para o fruto. A confissão convida o Pai para trabalhar o solo da alma.

A confissão busca perdão de Deus, não anistia. Perdão pressupõe culpa; anistia, palavra derivada do mesmo vocábulo grego *amnesia*, "esquece" a ofensa alegada, sem imputar culpa. A confissão admite o erro e busca perdão; a anistia nega o erro e reivindica inocência.

NAS GARRAS DA GRAÇA

Qual será sua escolha?

De um lado está o povo.
Zombando.
Acossando.
Exigindo.
Do outro, está um camponês.
Lábios inchados.
Olho protuberante.
Promessa grandiosa.
Um promete aceitação;
o outro, uma cruz.
Um oferece sensualidade e prostituição,
o outro oferece fé.
O povo desafia: "Siga-nos e acomode-se".
Jesus promete: "Siga-me e resista".
O povo promete prazer.
Deus promete salvar...
Deus olha para você e pergunta...
Qual será sua escolha?

Ouvindo Deus na tormenta

Uma bifurcação na estrada

decidindo que caminho seguir

O propósito da vida

Dizendo-se sábios, [sem Deus] tornaram-se loucos (Rm 1:22).

Cave bem fundo o coração de alguém e ali você encontrará a procura por um sentido para a vida, a busca incessante por um propósito. Tão certo quanto uma criança respira, um dia esse alguém perguntará: "Qual é o propósito da minha vida?".

Alguns buscam sentido para a vida na carreira profissional. "Meu propósito é ser dentista". Excelente vocação, mas não chega a ser uma justificativa para a existência. Essas pessoas optam por "fazer" em vez de "ser". Elas são aquilo que fazem e, consequentemente, fazem muito. Trabalham horas a fio porque, se não trabalharem, não terão uma identidade.

Para outras, elas são aquilo que têm. Encontram sentido para a vida num carro novo, numa casa nova ou em roupas novas. Essas pessoas são excelentes para a economia, mas péssimas no planejamento orçamentário, já que estão sempre procurando sentido em algo que possuem...

Algumas tentam encontrar sentido no esporte, no lazer, em práticas religiosas, no sexo ou em qualquer outra coisa que se possa imaginar.

Tudo não passa de miragem no deserto do propósito...

Será que não deveríamos encarar a verdade? Se não admitimos a presença de Deus em nossa vida, estamos à deriva no universo.

Nas garras da graça

Conheça a vontade de Deus

> Deus não é o Deus da confusão, e onde quer que ele veja pessoas que o buscam com o coração confuso, tenha certeza absoluta de que ele fará o que for necessário para ajudá-las a enxergar sua vontade.

Conhecemos a vontade de Deus quando dedicamos um tempo para estar na presença dele. O segredo para conhecer o coração de Deus é ter um relacionamento com ele. Um relacionamento pessoal. Deus falará com você de maneira diferente da que fala com os outros. Deus falou com Moisés por meio de uma sarça em chamas, mas isso não significa que tenhamos de nos sentar perto de uma sarça esperando que ele fale conosco. Deus usou um peixe para convencer Jonas. Será que devemos prestar culto a Deus no mar? Não. Deus revela seu coração pessoalmente a cada um de nós.

Por esse motivo, é essencial caminhar com Deus. Seu coração não é visto durante uma conversa ocasional ou uma visita semanal. Conhecemos sua vontade quando habitamos em sua casa todos os dias... Caminhe com Deus por um longo tempo e passe a conhecer seu coração.

A GRANDE CASA DE DEUS

Eu escolho o amor

Silêncio. É cedo. Meu café está quente. O céu ainda está escuro. O mundo ainda dorme. O dia começa a amanhecer.

Dentro de alguns momentos o dia nascerá e começará a percorrer ruidosamente os trilhos, acompanhando o raiar do Sol. O silêncio da madrugada será trocado pelo barulho do dia. A calma da solidão será substituída pelos passos fortes da raça humana. O refúgio da manhãzinha será invadido por decisões a serem tomadas e por prazos a serem cumpridos.

Pelas próximas doze horas, estarei diante das exigências do dia. É neste momento que preciso fazer uma escolha. Graças ao Calvário, sou livre para escolher. Portanto, eu escolho.

Escolho o amor...

Nenhuma ocasião justifica o ódio; nenhuma injustiça dá permissão para a amargura. Eu escolho o amor. Hoje amarei a Deus e o que Deus ama.

Escolho a alegria...

Convidarei meu Deus para ser o Deus da circunstância. Não cederei à tentação do ceticismo — a ferramenta do pensador preguiçoso. Não verei as pessoas como algo menos que seres humanos, criados por Deus. Não verei nenhum problema como algo que não seja uma oportunidade de ver Deus.

Escolho a paz...

Viverei o perdão. Perdoarei para que eu possa viver.

Escolho a paciência...

Não darei atenção às inconveniências do mundo. Em vez de amaldiçoar aquele que toma meu lugar, eu o convidarei a fazer isso. Em vez de reclamar que a espera é longa demais, renderei graças a Deus por ter um momento para orar. Em vez de cerrar os punhos diante de novas tarefas, eu as enfrentarei com alegria e coragem.

Escolho a amabilidade...

Serei amável com os pobres, porque eles estão abandonados. Amável com os ricos, porque eles estão com medo. E amável com os rudes, porque é assim que Deus me trata.

Escolho a bondade...

Viverei sem dinheiro algum em vez de ganhar um real que seja de maneira desonesta. Passarei despercebido em vez de me vangloriar. Confessarei em vez de acusar. Escolho a bondade.

Escolho a fidelidade...

Hoje cumprirei minhas promessas. Meus credores não se arrependerão de ter confiado em mim. Meus sócios não questionarão minha palavra. Minha mulher não duvidará de meu amor. E meus filhos nunca terão medo de que o pai não volte para casa.

Escolho a mansidão...

Nada é conquistado pela força. Escolho ser manso de coração. Se eu levantar a voz, será apenas em adoração a Deus. Se cerrar os punhos, será apenas em oração. Se fizer uma exigência, será apenas para mim mesmo.

Escolho o domínio próprio...

Sou um ser espiritual. Depois que este corpo morrer, meu espírito subirá. Recuso-me a aceitar que aquilo que vai se deteriorar domine o que é eterno. Escolho o domínio próprio. Ficarei embriagado apenas de alegria. Ficarei apaixonado apenas por minha fé. Serei influenciado apenas por Deus. Aprenderei apenas com Cristo. Escolho o domínio próprio.

Amor, alegria, paz, paciência, amabilidade, bondade, fidelidade, mansidão e domínio próprio. É com isso que me comprometo hoje. Se for bem-sucedido, darei graças. Se falhar, buscarei a graça de Deus. E então, quando o dia terminar, repousarei a cabeça no travesseiro e descansarei.

Quando Deus sussurra o seu nome

A chama em seu coração

A chama em seu coração é a luz do seu caminho.

Quer saber qual é a vontade de Deus para sua vida? Responda, então, a esta pergunta: O que faz a chama arder em seu coração? Órfãos abandonados? Nações não alcançadas? Os bairros pobres? A periferia da cidade?

Preste atenção ao fogo interior!

Você adora cantar? Então cante!

Sente o desejo de administrar? Então administre!

Sofre pelos enfermos? Então cuide deles!

Chora pelos perdidos? Então os doutrine!

Na juventude, senti o chamado para ser pregador. Sem saber ao certo se havia entendido qual era a vontade de Deus para mim, procurei o conselho de um pastor que eu admirava. Seu conselho soa até hoje como verdadeiro. "Não pregue", ele disse, "a menos que tenha de fazer isso".

Ao meditar em suas palavras, encontrei a resposta: "Eu tenho de fazer isso. Se não fizer, o fogo me consumirá".

Qual é o fogo que consome você?

A GRANDE CASA DE DEUS

Paixão pela excelência

Seja bem-sucedido naquilo que é importante.

A pressão pelo poder chegou a uma situação crítica. E a maioria de nós está no papel de quem pressiona ou de quem é pressionado.

Eu poderia apontar a diferença entre paixão pela excelência e paixão pelo poder. O desejo da excelência é um dom de Deus e é muito necessário na sociedade. Caracteriza-se pelo respeito à qualidade e pelo anseio por usar os dons de Deus de maneira que o agrade.

Há certas coisas que só você é capaz de fazer, ninguém mais. Talvez seja cuidar de um filho, construir casas ou encorajar os desanimados. Há coisas que só você pode fazer, e você está vivo para fazê-las. Na grande orquestra que chamamos de vida, você tem um instrumento e uma canção, e é responsável perante Deus por fazer uma apresentação sublime de ambos.

Há, porém, um abismo de diferença entre fazer o melhor para glorificar a Deus e fazer qualquer coisa para glorificar a si mesmo. A busca pela excelência é uma marca de maturidade. A busca pelo poder é infantilidade.

O APLAUSO DO CÉU

Você é incomparável

Para Deus, ninguém é inútil. Ninguém.

Em meu armário há um suéter que raramente uso. É pequeno demais. As mangas são muito curtas, e os ombros, muito estreitos. Faltam alguns botões, e a malha está puída. A lógica diz que devo abrir espaço e livrar-me do suéter.

É o que a lógica diz.

O amor, porém, não permite.

Há um aspecto peculiar nesse suéter que me faz mantê-lo no armário. O que há de extraordinário nele? É a criação de uma mãe dedicada expressando seu amor.

O suéter é especial. Fora de série. Não pode ser substituído. Cada ponto foi selecionado com cuidado. Cada fio foi escolhido com afeto.

E, apesar de ter perdido a serventia, o suéter não perdeu seu valor. Não é sua função que o torna valioso, mas quem o confeccionou.

Deve ser isso que o salmista tinha em mente quando escreveu: "[tu] me teceste no ventre de minha mãe" (Sl 139:13).

Pense nessas palavras. Você foi tecido no ventre de sua mãe. Você não é um acidente. Não foi produzido em massa. Não é um produto de linha de montagem. Você foi deliberadamente projetado, especificamente dotado e amorosamente colocado neste mundo pelo Artesão-Mestre.

Numa sociedade que tem pouco espaço para subordinados, essa é uma boa notícia.. Num sistema que classifica o valor do ser humano pelo número de algarismos do salário dele ou pelo torneado das pernas dela, quero lhe dizer uma coisa: o projeto de Jesus é motivo de alegria!

O APLAUSO DO CÉU

A assinatura de Deus faz de você uma pessoa especial

> [...] somos criação de Deus realizada em Cristo Jesus para fazermos boas obras, as quais Deus preparou antes para nós as praticarmos (Ef 2:10).

Com Deus em seu mundo, você não é um acidente nem um incidente; você é uma dádiva para o universo, uma obra de arte divina, assinada por Deus.

Um dos presentes mais admiráveis que recebi foi uma bola de futebol assinada por trinta ex-comandantes de ataque do futebol americano. Não há nada de especial a respeito dessa bola. Pelo que sei, foi comprada numa loja popular de artigos esportivos. O que faz dela uma bola especial são as assinaturas.

O mesmo princípio aplica-se a nós. No esquema da natureza, o *Homo sapiens* não é um ser único. Não somos as únicas criaturas com carne, cabelo, sangue e coração.

O que nos torna especiais não é apenas nosso corpo, mas a assinatura de Deus em nossa vida. Somos obras de arte dele. Fomos criados à sua imagem para fazer boas obras. Nossa importância não está no que fazemos, mas em quem somos.

NAS GARRAS DA GRAÇA

Já sabemos tudo

Uma pessoa não pode negar a presença de alguém fora do sistema só porque ela entende o sistema.

Entendemos como se formam as tempestades. Mapeamos os sistemas solares e transplantamos corações. Medimos a profundidade dos oceanos e enviamos sinais a planetas distantes. Nós estudamos o sistema e estamos aprendendo como ele funciona.

Mas, para algumas pessoas, a perda do mistério afetou a grandiosidade. Quanto mais adquirimos conhecimento, menos acreditamos. Estranho, você não acha? O conhecimento do processo não deveria anular a admiração. O conhecimento deveria provocar admiração. Quem teria mais motivos para adorar a Deus que o astrônomo que viu as estrelas? Que o cirurgião que segurou um coração nas mãos? Que o oceanógrafo que sondou a profundeza dos mares? Quanto mais adquirimos conhecimento, mais deveríamos ficar maravilhados.

Ironicamente, quanto mais sabemos, menos adoramos. Ficamos mais impressionados com a descoberta do interruptor de luz que com o inventor da eletricidade... Em vez de adorar o Criador, adoramos a criação (cf. Rm 1:25).

Não é de admirar que não haja admiração. Já sabemos tudo.

NAS GARRAS DA GRAÇA

Esperança restaurada ao longo do caminho

O que seria necessário para restaurar sua esperança? O que seria necessário para revigorar sua jornada?

Embora as respostas sejam muitas, três me vêm à mente.

A primeira seria uma pessoa. Não uma pessoa qualquer. Você não precisa de alguém igualmente confuso. Precisa de alguém que conheça a saída.

E precisa de um pouco da visão dessa pessoa. Precisa de alguém que levante seu ânimo, alguém que olhe nos seus olhos e diga: "Este não é o fim. Não desista. Há um lugar melhor que este. E vou conduzi-lo até lá". E, talvez o mais importante de tudo, você precisa de orientação. Se você tiver apenas uma pessoa ao seu lado, e essa pessoa não tiver uma visão renovada, ela lhe servirá apenas de companhia. E se ela tiver apenas visão, mas não souber lhe mostrar o caminho, você terá um acompanhante sonhador. Mas se você tiver uma pessoa que lhe mostre o caminho — que o tire deste lugar e o leve para o lugar certo —, ah, então terá alguém capaz de restaurar sua esperança.

Ou, usando as palavras de Davi: "[O Senhor] restaura-me o vigor" (Sl 23:3). Nosso Pastor é especialista em devolver esperança à alma. Quer você seja um cordeiro perdido à beira de um penhasco, quer seja um almofadinha abandonado no meio da selva, tudo muda quando o resgatador aparece.

A solidão torna-se menor, porque você tem companhia.

O desespero diminui, porque você tem visão. A confusão começa a desaparecer, porque você tem orientação.

Preste atenção: você não saiu da selva. As árvores continuam a esconder o céu, e os espinhos continuam a ferir a pele. Os animais de grande porte espreitam e os roedores correm. A selva continua a ser uma selva. Ela não mudou, mas você sim. Você mudou porque agora tem esperança. E tem esperança porque encontrou alguém que pode tirá-lo de lá.

Seu Pastor sabe que você não foi feito para este lugar. Sabe que você não está aparelhado para este lugar. Por isso, ele veio mostrar-lhe a saída.

ALIVIANDO A BAGAGEM

O mais sublime sonho de Deus

A conclusão é inevitável: você não pode salvar a si mesmo. Isso simplesmente não funciona.

Tome nota: a salvação é dada por Deus, conduzida por Deus, promovida por Deus e originada em Deus. Não é uma dádiva do homem para Deus. É de Deus para o homem. "Nisto consiste o amor: não em que nós tenhamos amado a Deus, mas em que ele nos amou e enviou seu Filho como propiciação pelos nossos pecados" (1Jo 4:10).

Tentamos alcançar a lua, porém mal conseguimos sair do chão. Tentamos atravessar o Atlântico a nado, porém não pudemos ir além dos recifes. Tentamos escalar o Everest da salvação, mas não fomos capazes de sair do acampamento-base, muito menos de subir a encosta. A empreitada é muito grande; não precisamos de mais equipamentos, nem de músculos ou técnica; precisamos de um helicóptero.

Você consegue ouvir o ronco do helicóptero?

Deus tem um jeito especial *de nos tornar justos diante dele* (cf. Rm 3:21). É muito importante aceitar essa verdade. O maior sonho de Deus não é nos fazer ricos, nem nos tornar bem-sucedidos, admirados pelos outros ou famosos. O mais sublime sonho de Deus é nos tornar justos diante dele.

NAS GARRAS DA GRAÇA

Navegação tranquila em meio às tempestades da vida

Poucos dias antes do nosso casamento, Denalyn e eu fizemos uma viagem muito agradável num veleiro. Milt, um amigo nosso, de uma igreja em Miami, convidou Denalyn, a mãe dela, eu e mais algumas pessoas para um aprazível cruzeiro ao longo da costa da Flórida.

Inicialmente, tudo correu conforme planejado. Tranquilo. Deitados em almofadas, com os pés apoiados na amurada, cochilávamos, aproveitando os raios do sol para nos bronzear. Ótimo. Mas, de repente, a tempestade chegou. O céu escureceu, a chuva começou a cair e o oceano de águas até então serenas corcoveava como o pescoço de um dragão. Ondas repentinas inclinavam o barco para cima, até não enxergarmos nada, a não ser o céu, e depois para baixo, quando víamos apenas o azul das águas. Aprendi uma coisa a respeito de viagens marítimas: não há nada de maravilhoso quando as ondas se agigantam. O bronzeamento acabou. Os cochilos cessaram. Os olhares dirigiram-se primeiro para as nuvens carregadas, depois para o capitão. Olhamos para Milt.

Ele foi ponderado e decisivo. Mostrou a algumas pessoas onde deveriam ficar, a outras, o que deveriam fazer, e disse que todos deveriam permanecer firmes. E fizemos o que ele disse. Por quê? Reconhecíamos que ele sabia o que era melhor. Nenhum de nós era capaz de diferenciar estibordo de popa. Só Milt. Confiamos nele. Sabíamos que ele sabia.

E sabíamos que não sabíamos nada. Antes de o vendaval começar, poderíamos ter dito que nos orgulhávamos de nossas medalhas de honra ao mérito dos tempos de escoteiros, durante excursões em regatas ou barcos de pesca. Mas, assim que a tempestade desabou, ficamos de boca fechada. (Com exceção de Denalyn, que vomitou.) Não tínhamos escolha, a não ser confiar em Milt. Ele sabia o que não sabíamos — e preocupou-se conosco. O barco não era capitaneado por um profissional contratado nem por um estranho, mas por um amigo. Ele se importava com nossa segurança. Por isso confiamos nele.

Ah, que bom se as escolhas fossem igualmente fáceis na vida. Será que preciso lembrá-lo dos ventos ocidentais? Com a velocidade de um relâmpago e a força do ribombar do trovão, as rajadas violentas de vento convulsionam as águas tranquilas. Vítimas de tempestades repentinas passam a fazer parte das filas de desemprego e das unidades de terapia intensiva. Você conhece os ventos. Sentiu as ondas. Adeus, navegação tranquila. Olá, águas turbulentas.

Tais furacões testam nossa confiança no Capitão. Será que Deus sabe o que está fazendo? É capaz de nos tirar da situação? Por que ele permite a tempestade? As condições pioram, e as instruções dele produzem perplexidade: ele nos manda resistir à desgraça, tolerar a crítica, perdoar o inimigo... Como você reage?

Será que você é capaz de dizer a respeito de Deus o que eu disse a respeito de Milt?

Sei que Deus sabe o que é melhor.

Sei que eu não sei.

Sei que ele se preocupa comigo.

Essas palavras ocorrem-me facilmente quando as águas estão calmas. Mas, quando você vê um carro destroçado ou uma verruga com aparência suspeita, quando a guerra estoura ou quando os ladrões arrombam sua casa, você confia nele? Se sua resposta foi "sim", você está recebendo notas altas na matéria chamada soberania.

Essa importante palavra bíblica significa autoridade suprema de um soberano. Confessar a soberania de Deus é reconhecer o reino de Deus, sua autoridade real e poder de veto sobre tudo o que acontece. Acatar a soberania de Deus é beber da água de seu domínio sobre todas as coisas e tomar uma decisão no barco em meio à tempestade.

QUEM TEM SEDE VENHA

Ateísmo

Falta de crença em Deus. Uma vida sem Deus.
Pior que o menosprezo a Deus é a desconsideração por Deus.
O menosprezo pelo menos admite sua presença.
O ateísmo não.
Enquanto o menosprezo leva as pessoas a agir com irreverência, a desconsideração leva-as a agir como se Deus fosse irrelevante, como se ele não fosse o fator determinante na jornada.

Nas garras da graça

Perigos e desvios adiante

reduza a velocidade,
evite acidentes

Vida sem Deus

> O coração certo com a doutrina errada é melhor que a doutrina certa com o coração errado.

Pelo fato de não ver a mão que criou o Universo, o hedonista entende que não há vida além do aqui e agora. Ele não crê que haja uma verdade além deste ambiente. Nenhum propósito além do próprio prazer. Nenhum fator divino. Ele não tem nenhuma preocupação com a eternidade...

O que acontece quando uma cultura aceita viver em choupanas em vez de viver no castelo do pai? Há consequências para uma busca pelo prazer sem Deus? Há um preço a ser pago por se viver apenas o hoje?

O hedonista diz: "Que me importa? Posso ser má pessoa, e daí? O que eu faço é problema meu". Ele está mais preocupado em satisfazer suas paixões que em conhecer o Pai. Sua vida é tão voltada para o prazer que ele não tem tempo nem espaço para Deus.

Ele está certo? É correto passar os dias zombando de Deus e curtindo a vida?

Paulo diz: "Absolutamente, não!".

De acordo com Romanos 1, perdemos mais que vitrais coloridos quando abandonamos Deus. Perdemos nossa referência, nosso propósito e nossa adoração. "[...] porque, tendo conhecido a Deus, não o glorificaram como Deus, nem lhe renderam graças, mas os seus pensamentos tornaram-se fúteis e o coração insensato deles obscureceu-se. Dizendo-se sábios, tornaram-se loucos" (v. 21-22).

NAS GARRAS DA GRAÇA

A vingança é um fogo devastador

Você nunca perdoará alguém mais
do que Deus já lhe perdoou.

O ressentimento é a cocaína das emoções: acelera a corrente sanguínea e aumenta o nível de energia.

No entanto, assim como a cocaína, ele exige doses cada vez maiores e mais frequentes. Há um ponto perigoso no qual a raiva deixa de ser uma emoção e torna-se uma força motivadora. Sem saber, a pessoa dominada pelo desejo de vingança afasta-se cada vez mais da capacidade de conseguir perdoar, porque viver sem a raiva é viver sem uma fonte de energia.

Isso explica por que as pessoas rancorosas se queixam a quem se dispõe a ouvi-las. Elas querem — elas precisam — de alguém para atiçar o fogo de sua ira... O ressentimento é como a cocaína também em outro sentido. A cocaína pode matar o viciado. E a raiva pode matar o rancoroso...

E ela também pode ser espiritualmente fatal. A raiva seca a alma.

O ódio é o cão raivoso que ataca o próprio dono. A vingança é o fogo devastador que consome o incendiário. O rancor é a armadilha que captura o caçador.

E a misericórdia é a escolha capaz de libertar todos eles.

O APLAUSO DO CÉU

Você tem um vazio no coração?

Deus esquece o passado. Imite-o.

Talvez a ferida seja antiga. Seu pai abusou sexualmente de você. Um professor o menosprezou...

E você está com raiva.

Ou talvez a ferida seja recente. Um amigo que lhe deve dinheiro passou por você dirigindo um carro novo. O chefe que o contratou com promessas de promoções não se lembra mais do seu nome. Seus amigos saíram às escondidas para uma viagem de fim de semana e não o convidaram...

E você está magoado.

Uma parte de você está triste, e a outra está amargurada. Uma parte de você quer chorar, e a outra quer brigar.

As lágrimas que você derrama são quentes porque vêm do coração, onde há um fogo abrasador. É o fogo da raiva. Intenso. Consumidor. Suas chamas dançam sob a panela fumegante da vingança.

Resta-lhe uma decisão a ser tomada. "Devo apagar o fogo ou atiçá-lo? Devo relevar ou me vingar? Devo esquecer ou guardar ressentimento? Devo permitir que minhas mágoas sejam curadas ou deixar que se transformem em ódio?"... Ressentimento é a decisão deliberada de alimentar a ofensa até que ela se transforme num rancor negro, peludo e feroz...

A deslealdade é ofensiva. A vingança é perversa. Mas o pior de tudo é que, sem perdão, tudo o que resta é o rancor.

O APLAUSO DO CÉU

A resposta às contendas

O conflito é inevitável, mas o combate é opcional.

Algum tempo atrás, minha mulher comprou um macaco. Eu não queria um macaco em nossa casa, por isso me opus.

— Onde ele vai comer? — perguntei.

— Em nossa mesa.

— Onde ele vai dormir? — inquiri.

— Em nossa cama.

— E quanto ao mau cheiro? — eu quis saber.

— Eu me acostumei com o seu; acho que o macaco também vai se acostumar.

A harmonia não começa quando examinamos os outros, mas quando examinamos a nós mesmos. A harmonia não começa quando exigimos que os outros mudem, mas quando admitimos que não somos tão perfeitos assim...

A resposta às contendas? Aceitação. O primeiro passo para a harmonia? Aceitação. Não concordância, mas aceitação. Não unanimidade, mas aceitação. Não negociação, arbitrariedade ou aperfeiçoamento. Tudo isso pode vir depois, mas somente depois do primeiro passo: aceitação.

NAS GARRAS DA GRAÇA

O ódio sobrecarrega

Quanto mais mergulhamos na graça, mais temos condições de oferecer graça.

Ah, o avanço gradual de ódio. Seus efeitos nocivos começam como a trinca no para-brisa de meu carro. Por culpa de um caminhão em alta velocidade numa estrada de pedregulhos, o vidro trincou. Logo depois, a trinca transformou-se em rachadura, e a rachadura transformou-se em linhas sinuosas. Em pouco tempo, o para-brisa transformou-se numa teia de aranha de fragmentos. Eu não conseguia dirigir o carro sem pensar naquele idiota apressadinho. Apesar de não o ter visto, podia descrevê-lo. Um vagabundo qualquer que engana a mulher, dirige o caminhão com uma caixa de cerveja no assento ao lado e mantém o volume da televisão tão alto que os vizinhos não conseguem dormir. Seu descuido bloqueou minha visão. (E também prejudicou minha visibilidade além do para-brisa.)

Você já ouviu a expressão "cego de raiva"?

Quero ser muito claro. O ódio embaça sua visão e sobrecarrega suas costas. A carga do rancor é simplesmente pesada demais. Os joelhos dobram-se com o esforço, e o coração parte-se com o peso. A montanha diante de você já é íngreme demais sem a carga do ódio em suas costas. A escolha mais sábia — a única escolha — é desvencilhar-se da raiva. Você nunca será chamado a oferecer uma dose maior de graça a alguém do que aquela que Deus já lhe concedeu.

NAS GARRAS DA GRAÇA

Olhe adiante com fé

Alguns de nós recebemos diploma de pós-graduação na Universidade da Ansiedade. Vamos dormir preocupados, com medo de não acordar; acordamos preocupados porque dormimos mal. Preocupamo-nos porque alguém pode descobrir que alface engorda. A mãe de uma adolescente lamentou: "Minha filha não me conta nada. Estou com os nervos em frangalhos". Outra mãe replicou: "Minha filha me conta tudo. Estou com os nervos em frangalhos". Você não adoraria parar de se preocupar? Que tal ter um abrigo forte para proteger-se dos elementos cruéis da vida?

Deus oferece-lhe exatamente isto: a possibilidade de uma vida livre de preocupações. Não com menos preocupações, mas sem nenhuma preocupação. Ele criou uma abóbada para seu coração. "E a paz de Deus, que excede todo o entendimento, guardará o coração e a mente de vocês em Cristo Jesus" (Fp 4:7).

Gostou? Então dê uma boa olhada no restante da passagem.

> Não andem ansiosos por coisa alguma, mas em tudo, pela oração e súplicas, e com ação de graças, apresentem seus pedidos a Deus. E a paz de Deus, que excede todo o entendimento, guardará o coração e a mente de vocês em Cristo Jesus.
>
> Versículos 6-7

Os cristãos em Filipos necessitavam de uma redoma. Sofriam ataques de todos os lados. Os pregadores falavam de Cristo por ambição egoísta (1:15-17). Os membros da igreja brigavam entre si e ameaçavam a unidade da igreja (4:2). Os falsos mestres pregavam um evangelho sem a cruz (3:2-3,18-19). Alguns convertidos lutavam para encontrar alimento e abrigo (4:19). Perseguições do lado de fora. Problemas do lado de dentro.

Eram casas de marimbondo suficientes para preocupar qualquer um. As pessoas em Filipos conviviam com elas. As pessoas de hoje também. Para elas e para nós Deus oferece esta proposta surpreendente: "Não se preocupem com nada".

"Ah, sim, está certo. Quando eu estiver preocupado, vou brincar de pular sela na lua. Você está brincando?"

Jesus não está. Duas palavras resumem a opinião dele a respeito da preocupação: irrelevante e irreverente.

"Quem de vocês, por mais que se preocupe, pode acrescentar uma hora que seja à sua vida?" (Mt 6:27). A preocupação é irrelevante. Não altera nada. Qual foi a última vez que você resolveu um problema por ter-se preocupado com ele? Imagine alguém dizendo: "Tenho contas atrasadas para pagar, por isso resolvi me preocupar para livrar-me das dívidas. E sabe de uma coisa? Deu certo! Algumas noites sem dormir, um dia inteiro vomitando e torcendo as mãos de desespero. Gritei com meus filhos, tomei alguns comprimidos, e — graças à preocupação — o dinheiro apareceu em minha mesa".

Isso não acontece! A preocupação não muda nada. Não acrescenta nem um dia à sua vida nem um pedacinho de vida ao seu dia.

E como podemos parar de agir assim? Paulo oferece uma resposta dupla: a parte de Deus e a nossa parte. A nossa parte inclui oração e gratidão. "Não andem ansiosos por coisa alguma, mas em tudo, pela *oração* e súplicas, e com *ação de graças*, apresentem seus pedidos a Deus" (Fp 4:6, grifos do autor).

Quer preocupar-se menos? Então ore mais. Em vez de olhar adiante com medo, olhe para cima com fé.

QUEM TEM SEDE VENHA

O alto preço da vingança

O acerto de contas custa caro.

Você já notou que o caçador de recompensas dos filmes de faroeste viaja sozinho? É fácil entender por quê. Quem gostaria de andar com um sujeito que ganha a vida fazendo acerto de contas? Quem gostaria de arriscar-se a conviver com o lado mau desse indivíduo? Já ouvi várias vezes uma pessoa cuspir sua raiva. Ela achou que eu estivesse ouvindo, mas na realidade eu pensava: "Espero nunca fazer parte da sua lista". Como são desagradáveis esses caçadores de recompensas! É melhor ficar longe deles. Se andar por aí acompanhado de alguém enfurecido, você poderá ser atingido por uma bala perdida. Cobrar dívidas é uma profissão solitária. E também prejudicial.

Se você estiver querendo acertar contas com alguém, nunca descansará. Por quê? Porque talvez seu inimigo jamais pague a dívida. Por mais que você julgue merecer um pedido de desculpa, talvez seu devedor não concorde. O racista poderá não se arrepender. O chauvinista poderá não mudar de atitude. Por mais justa que seja sua busca por vingança, talvez você nunca receba um centavo de justiça. E se receber, será suficiente?

A GRANDE CASA DE DEUS

Abandone o tribunal

Um pastor gago desta geração poderá ser o poderoso Moisés da próxima.

Condenamos um homem por andar cambaleante esta manhã, mas não vimos as pancadas que ele levou ontem. Julgamos uma mulher por andar mancando, mas não podemos ver o prego em seu sapato. Zombamos do medo nos olhos deles, mas não temos ideia de quantas pedras eles tiveram de se desviar ou de quantas flechas tiveram de fugir.

São espalhafatosos demais? Talvez tenham medo de ser desprezados novamente. São tímidos demais? Talvez tenham medo de errar novamente. Lentos demais? Talvez tenham caído na última vez em que correram. Não sabemos. Somente quem acompanhou os passos deles no dia de ontem pode julgá-los.

Não ignoramos apenas o ontem; ignoramos também o amanhã. Teríamos coragem de julgar um livro antes que os capítulos fossem escritos? Deveríamos opinar sobre uma pintura enquanto o artista ainda segura o pincel? Como você pode rejeitar uma alma antes que a obra de Deus esteja completa? "Estou convencido de que aquele que começou boa obra em vocês vai completá-la até o dia de Cristo Jesus" (Fp 1:6).

Nas garras da graça

Montanhas que você não tem condições de escalar

A satisfação que vem de Deus é recebida após a submissão, e não conferida como prêmio após a conquista.

Há certas montanhas que só Deus pode escalar.

Não é que você não deva tentar; é que não vai conseguir.

Se a palavra Salvador faz parte da descrição de cargo, é porque você a colocou ali. Sua função é ajudar o mundo, não salvar o mundo. O monte Messias é uma montanha que você não tem condições de escalar.

Nem a montanha Autossuficiência. Você não é capaz de dirigir o mundo, nem de sustentá-lo. Algumas pessoas acham que conseguem. Acham que se fizeram por esforço próprio. Não dobram os joelhos; apenas arregaçam as mangas e se dedicam a mais um dia de doze horas — que talvez seja suficiente quando se trata de ganhar a vida ou montar um negócio. Mas quando enfrentam a sepultura ou a culpa, seu poder não faz nenhuma mágica.

Você não foi feito para dirigir um reino, e ninguém espera que seja todo-poderoso. E certamente você não é capaz de lidar com toda a glória. O monte Aplauso é o mais sedutor dos três picos. Quanto mais alto você sobe, mais as pessoas aplaudem; porém, mais rarefeito torna-se o ar. Mais de uma pessoa chegou ao topo e gritou: "A glória é toda minha!", mas perdeu o equilíbrio e caiu.

A GRANDE CASA DE DEUS

O assassino da alma

O pecado é uma doença mortal.

[...] o salário do pecado é a morte [...] (Rm 6:23).

O pecado sentenciou-nos a uma morte lenta e dolorosa.

O pecado faz com a vida o mesmo que a tesoura faz com uma flor. Um corte na haste separa a flor da fonte de vida. No início, a flor é atraente, continua colorida e forte. Mas observe-a depois de um tempo. As folhas murcham e as pétalas caem. Não há nada que você possa fazer para reavivá-la. Coloque-a na água. Enfie a haste no solo. Use fertilizante. Cole a flor de volta no caule. Faça o que quiser. A flor está morta.

A alma morta não tem atividade.

Se for separada de Deus, a alma murchará e morrerá. A consequência do pecado não é um dia ruim nem um ataque de mau humor, mas uma alma morta. As evidências de uma alma morta são claras: lábios envenenados e boca que profere maldição, pés que levam à violência e olhos que não enxergam Deus.

Agora você sabe por que as pessoas são tão grosseiras. A alma delas está morta. Agora você entende por que algumas religiões são tão sufocantes. Elas não têm vida. Agora você compreende por que o traficante de drogas consegue dormir à noite e por que o ditador consegue conviver com sua consciência. Ele não tem consciência.

A obra final do pecado é matar a alma.

NAS GARRAS DA GRAÇA

A raiva de Deus

Deus se zanga com a maldade que destrói seus filhos.

Deus se zanga com a maldade.

Para muitas pessoas, esta é uma revelação. Algumas supõem que Deus seja um aflito diretor de colégio, tão atarefado para controlar os planetas que não nota nossa presença.

Ele não é assim.

Outras entendem que ele é um pai tão amoroso que não vê a maldade dos filhos.

Errado.

Há ainda aquelas que afirmam que ele nos ama muito, a ponto de não se zangar com nossa maldade.

Elas não entendem que o amor sempre se zanga diante do mal.

Muitas não entendem a raiva de Deus porque confundem ira de Deus com ira dos homens. As duas têm poucos pontos em comum. A ira humana é tipicamente automotivada e propensa a explosões de temperamento e atos violentos. Ficamos zangados porque fomos desprezados, negligenciados ou enganados. Essa é a ira do homem. Não é, contudo, a ira de Deus.

Deus não se zanga porque não consegue o que quer. Ele se zanga porque a desobediência sempre resulta em autodestruição. Que pai ficaria sentado observando o filho ferir a si mesmo?

NAS GARRAS DA GRAÇA

A graça não tem lógica

Parece que Deus está procurando mais caminhos para nos levar para casa do que para nos manter fora dela.

O julgamento de Deus nunca foi problema para mim. Na verdade, sempre me pareceu correto. Descargas elétricas lançadas sobre Sodoma. Fogo sobre Gomorra. Excelente trabalho, Deus. Egípcios engolidos no mar Vermelho. Eles provocaram.

Tenho facilidade de aceitar a disciplina. Sua assimilação baseia-se na lógica. A disciplina é controlável e apropriada.

Mas e a graça de Deus? De jeito nenhum.

Quer exemplos? De quanto tempo você dispõe?

O salmista Davi tornou-se o Davi *voyeur*; porém, pela graça de Deus, voltou a ser o Davi salmista.

Num minuto, o ladrão na cruz estava destinado ao inferno e, pendurado, aguardava a morte. No minuto seguinte, sorria com a certeza de que moraria no céu.

História após história. Oração após oração. Surpresa após surpresa...

Eu o desafio a encontrar uma alma que recorreu a Deus em busca de graça e não a encontrou... Descubra uma pessoa que buscou uma segunda chance e recebeu um ríspido sermão.

O desafio está lançado. Procure.

Você não encontrará.

QUANDO DEUS SUSSURRA O SEU NOME

Nada com que se preocupar

Não ter o suficiente — essa deve ser a última coisa com a qual precisamos nos preocupar. Nosso cálice transborda de bênçãos.

Deixe-me fazer uma pergunta — uma pergunta crucial. Se a concentração exagerada nos diminutos bens materiais leva à inveja, o que aconteceria se nos concentrássemos nos bens intermináveis? Se a percepção daquilo que não temos provoca ciúme, será que a percepção do que temos em abundância produzirá contentamento?

Façamos uma tentativa para ver o que acontece. Vamos dedicar uns poucos parágrafos a algumas bênçãos que, de acordo com a Bíblia, transbordam em nossa vida.

"Mas onde aumentou o pecado, *transbordou a graça*" (Rm 5:20, grifo do autor). No texto, o verbo transbordar significa ter em excesso, em abundância, ter uma porção excedente. Será que os peixes do Pacífico se preocupam com o dia em que o oceano vai ficar sem água? Não. Por quê? O oceano possui água em abundância. Será que a cotovia fica ansiosa por encontrar espaço no céu para voar? Não. O céu possui espaço em abundância.

Será que o cristão deveria preocupar-se com o dia em que o cálice da misericórdia esvaziará? Ele pode sentir-se assim. É possível que ele não esteja ciente da graça abundante de Deus. E você? Está ciente de que o cálice que Deus lhe dá transborda de misericórdia? Ou está com medo de que seu cálice esvazie, que sua garantia expire? Está com medo de que seus erros sejam grandes demais para receber a graça de Deus?

Gostaríamos muito de saber se o apóstolo Paulo sentiu o mesmo medo. Antes de ser Paulo, o apóstolo, ele era Saulo, o assassino. Antes de encorajar cristãos, ele os assassinava. Como seria conviver com esse passado? Será que ele conheceu crianças que ficaram órfãs por sua causa? Será que o rosto delas o atormentava durante o sono? Será que Paulo chegou a perguntar: "Deus é capaz de perdoar um homem como eu?".

A resposta para a pergunta de Paulo, e para a nossa, encontra-se na primeira carta que ele escreveu a Timóteo: "[...] a graça de nosso Senhor transbordou sobre mim, com a fé e o amor que estão em Cristo Jesus" (1:14).

Deus não é parcimonioso quando oferece graça. O cálice que você, leitor, tem em mãos pode estar com as reservas baixas ou remendado, mas transborda de misericórdia. Talvez você não tenha uma casa enorme com piscina, mas tem perdão suficiente. "[Deus] dá de bom grado o seu perdão" (Is 55:7). Seu cálice transborda de graça.

E se ele transborda de graça, transborda também de esperança. "Que o Deus da esperança os encha de toda alegria e paz, por sua confiança nele, para que vocês transbordem de esperança, pelo poder do Espírito Santo" (Rm 15:13).

ALIVIANDO A BAGAGEM

Louvor a Deus

Tu és um Deus grandioso.
Teu caráter é santo.
Tua verdade é absoluta.
Tua força é ilimitada.
Tua disciplina é justa.
Tu és um Deus grandioso.
A montanha do teu conhecimento não tem pico.
O oceano do teu amor não tem margem.
O tecido de tua fidelidade não tem rasgos.
A rocha de tua palavra não tem rachaduras.
Tu és um Deus grandioso.
Tua paciência nos surpreende.
Tua beleza nos fascina.
Teu amor nos comove.
Tu és um Deus grandioso.
Tuas provisões são abundantes para nossas necessidades.
Tua luz é adequada para nosso caminho.
Tua graça é suficiente para nossos pecados.
Tu és um Deus grandioso.
Declaramos, mesmo com palavras hesitantes, que teu plano é perfeito.
Tu nunca te adiantas, nunca te atrasas.
Nunca és lento demais, nunca és rápido demais.
Tu enviaste teu Filho na plenitude do tempo e retornarás na consumação do tempo.
Teu plano é perfeito.
Desconcertante. Intrigante. Perturbador.
Mas perfeito.

Extraído de "He Reminded Us of You"
[Ele nos fez lembrar de você],
"A Prayer for a Friend"
[Uma oração por um amigo]

Basta um companheiro

um amigo para a jornada

Deus está do seu lado

Cuidamos dos outros conforme percebemos que Deus cuida de nós.

Quando eu tinha sete anos, fugi de casa. Estava farto das regras do meu pai e decidi que poderia ditar meus princípios, sem a ajuda de ninguém. Coloquei minhas roupas numa sacola de papel, saí em disparada pelo portão dos fundos e caminhei pela viela. Feito o filho pródigo, decidi que não precisava de pai. Diferente do filho pródigo, não fui muito longe. Ao chegar ao fim da viela, lembrei que estava com fome e voltei para casa.

Apesar de a rebelião ter sido breve, não deixou de ser uma rebelião. E se você me tivesse parado naquele caminho pródigo entre as cercas e me perguntasse quem era meu pai, eu poderia ter lhe contado como me sentia.

Talvez tivesse dito: "Não preciso de pai. Já estou grande demais para aceitar as regras da minha família. Agora somos só eu e minha sacola de papel".

Não ouvi o galo cantar como Pedro ouviu. Não senti o peixe me vomitar como Jonas sentiu. Não recebi um manto, um anel e sandálias como o filho pródigo recebeu. Mas aprendi com meu pai terreno aquilo que os três aprenderam com o Pai celestial. Nosso Deus não é um Pai que só nos ama quando tudo vai bem. Ele não é adepto do "ame-o ou deixe-o". Posso contar com ele para estar do meu lado seja qual for meu comportamento. E você também pode.

A GRANDE CASA DE DEUS

Esconda o nome de Deus no coração

Você desistirá de si mesmo antes de Deus.

Quando estiver confuso a respeito do futuro, recorra a Jeová Raá, o pastor que cuida. Quando estiver ansioso a respeito de provisão, converse com Jeová Jiré, o Senhor que provê. Os problemas são grandes demais? Busque a ajuda de Jeová Shalom, o Senhor é paz. Seu corpo está enfermo? As emoções estão fracas? Jeová Rafá, o Senhor que cura, vai visitá-lo. Sente-se como um soldado abandonado atrás das linhas do inimigo? Busque refúgio em Jeová Nissi, o Senhor é minha bandeira.

Ao meditar nos nomes de Deus, você se lembra do caráter dele. Grave esses nomes e esconda-os no coração.

Deus é
o pastor que conduz,
o Senhor que provê,
a voz que traz paz na tempestade,
o médico que cura o doente, e
a bandeira que guia o soldado.
E acima de tudo... ele é.

A GRANDE CASA DE DEUS

Deus torce por você

Se seu Deus é poderoso o suficiente para acender o Sol, não seria poderoso o suficiente para iluminar seu caminho?

Deus é por você. Não que ele "pode ser", nem "tem sido", nem "foi", nem "seria", mas "Deus é!". Ele é por você. Hoje. Nesta hora. Neste minuto. Enquanto você lê esta frase. Não há necessidade de esperar na fila ou voltar amanhã. Ele está com você. Não poderia estar mais perto do que está neste segundo. Sua lealdade não aumentará se você for uma pessoa melhor nem diminuirá se você for uma pessoa pior. Ele é por você.

Deus é por você. Olhe para as laterais da pista; lá está Deus incentivando sua corrida. Olhe para trás ao cruzar a linha de chegada; lá está Deus aplaudindo seus passos. Ouça-o na arquibancada, gritando seu nome. Cansado demais para continuar? Ele o carregará. Desanimado demais para lutar? Ele o ajudará a recobrar as forças. Deus é por você.

Deus é por você. Se ele tivesse um calendário, o dia do seu aniversário estaria assinalado com um círculo. Se ele tivesse um carro, o seu nome estaria no para-choque. Se houvesse uma árvore no céu, ele gravaria o seu nome na casca. Sabemos que ele tem uma tatuagem, e sabemos o que ela diz: "Veja, eu gravei você nas palmas das minhas mãos [...]" (Is 49:16).

NAS GARRAS DA GRAÇA

Você ouve a música?

Imagine dançarinos sem música. Dia após dia, eles vieram ao grande salão perto da esquina da Main com a Broadway. Trouxeram as esposas. Trouxeram os maridos. Trouxeram seus filhos e suas esperanças. Vieram para dançar.

O salão foi preparado para a dança. Bandeirolas, taças cheias de ponche. Cadeiras encostadas nas paredes. As pessoas chegaram e sentaram-se, sabendo que tinham vindo para um baile, mas sem saber como dançar, porque não havia música. Havia balões de gás. Havia bolo. Havia até um palco onde os músicos poderiam tocar, mas não havia músicos.

Um dia, um sujeito magricela afirmou ser músico. Levava jeito para a coisa, com sua barba comprida e seu violino extravagante. Todos se levantaram no dia em que ele se levantou, tirou o violino do estojo e colocou-o sob o queixo. "Agora vamos dançar", eles pensaram, mas estavam enganados. O homem tinha um violino, mas o violino não tinha cordas. O movimento contínuo do arco soava como o rangido de uma porta sem óleo nas dobradiças. Quem é capaz de dançar com um som como aquele? Os dançarinos voltaram a sentar-se.

Alguns tentaram dançar sem música. Uma esposa convenceu o marido a fazer uma tentativa. Começaram a dar alguns passos na pista, ela dançando de um jeito, e ele, de outro. Os esforços de ambos foram elogiados — mas estavam longe de ser compatíveis. Ele dançava uma espécie de tango sem parceira, enquanto ela rodopiava como uma bailarina. Alguns tentaram acompanhar o ritmo do casal, mas, como não havia ritmo, não conseguiram. O resultado foi uma dezena ou mais de dançarinos sem música, indo de lá para cá e de cá para lá, colidindo uns com os outros, forçando alguns espectadores a proteger-se atrás das cadeiras.

Com o tempo, porém, os dançarinos se cansaram, e todos voltaram a sentar-se, olhando para um ponto fixo e imaginando se alguma coisa aconteceria. Até que, um dia, aconteceu.

Nem todos o viram entrar. Apenas alguns. Não havia nada na aparência dele que chamasse a atenção. Seu jeito de ser era comum, mas sua música não era. Ele começou a cantar uma canção doce e suave, terna e envolvente. A canção aqueceu o ar gelado e trouxe aos corações o ardor do pôr do sol de verão.

Enquanto ele cantava, as pessoas se levantaram — poucas a princípio, depois muitas — e começaram a dançar. Juntas. Movimentando-se ao som de uma música que nunca ouviram antes, elas dançaram.

Algumas, no entanto, continuaram sentadas. Que tipo de músico é este que não sobe ao palco? Que não traz nenhuma banda? Que não usa nenhum traje especial? Ora, os músicos não surgem de repente, vindos da rua. Eles têm um grupo que os acompanha, um nome a zelar, uma presença pessoal para projetar e proteger. Ora, esse sujeito mal mencionou seu nome!

— Como vamos saber se o que você canta é música verdadeira? — as pessoas questionaram.

Sua resposta foi direto ao ponto: — Quem tem ouvidos para ouvir, ouça.

No entanto, os que não dançavam recusaram-se a ouvir. Recusaram-se a dançar. Muitos ainda se recusam. O músico chega e canta. Alguns dançam. Outros não. Alguns encontram música para a vida; outros vivem em silêncio. Para aqueles que não ouviram a música, o músico faz o mesmo apelo: "Quem tem ouvidos para ouvir, ouça".

Um tempo e um lugar corriqueiros.

Uma Bíblia aberta.

Um coração aberto.

Deixe Deus apropriar-se de você, e deixe que Deus o ame — e não se surpreenda se seu coração começar a ouvir uma música que você jamais ouviu e se seus pés aprenderem a dançar como nunca.

SIMPLESMENTE COMO JESUS

O que de fato queremos saber

Minha alma eterna está amparada
por um contrato celestial, e Jesus não
é conhecido por dispensar clientes.

Aqui está o que queremos saber. Queremos saber quanto tempo o amor de Deus vai durar... Não apenas no Domingo de Páscoa, quando lustramos os sapatos e arrumamos o cabelo. Queremos saber (no fundo, será que queremos mesmo saber?): Como Deus se sente a meu respeito quando me comporto como um imbecil? Não quando estou animado e positivo, pronto para acabar com a fome no mundo. Não. Eu sei como ele se sente a meu respeito quando estou assim. Até eu gosto de mim nessas situações.

Quero saber como ele se sente a meu respeito quando agarro tudo o que se movimenta, quando meus pensamentos estão no nível da sarjeta, quando minha língua é tão afiada a ponto de fatiar uma pedra. Como ele se sente quando estou assim?

É o que queremos saber.

Sem estar limitado pelo tempo, ele vê todos nós. Desde as regiões remotas da Virgínia até o distrito empresarial de Londres... Vagabundos e maltrapilhos, ele nos viu antes de nascermos.

E ele ama o que vê. Transbordando de emoção, explodindo de orgulho, o Criador das estrelas vira-se para nós, um a um, e diz: "Você é meu filho. Eu o amo muito. Sei que um dia você virará as costas para mim e irá embora. Mas quero que saiba que já providenciei um caminho para você voltar".

NAS GARRAS DA GRAÇA

Um lar para o coração

Quando Jesus foi para casa, deixou a porta da frente aberta.

É bem provável que você pense muito pouco a respeito de um lar para sua alma. Construímos casas requintadas para nosso corpo, mas nossa alma é relegada a um casebre na encosta do morro, onde os ventos noturnos nos deixam gelados e a chuva nos encharca. Não é de admirar que haja tantos corações frios no mundo.

Não deveria ser assim. Não precisamos viver ao relento. Não faz parte do plano de Deus que seu coração ande a esmo como um beduíno. Deus quer que você saia do frio e viva — com ele. Debaixo de seu teto há espaço disponível. Sobre a sua mesa há um prato. Em sua sala de estar há uma cadeira reservada para você. E ele gostaria que você passasse a morar em sua casa. Por que ele quer dividir seu lar com você?

Simples: ele é seu Pai.

A GRANDE CASA DE DEUS

Ele fez isso para você

> Se Deus se preocupa com o planeta Saturno a ponto de dar-lhe anéis, ou com Vênus a ponto de fazê-lo cintilar, será que existe uma chance remota de que ele se preocupe tanto com você a ponto de suprir suas necessidades?

Por que Deus fez isso? Uma choupana teria sido suficiente, mas ele nos deu uma mansão. Será que ele precisava dar cânticos aos pássaros e picos às montanhas? Será que foi forçado a colocar listras na zebra e corcovas no camelo? Teríamos notado a diferença se ele tivesse pintado o pôr do sol de cinza em vez de usar alarajando? Por que envolver a criação em tal esplendor? Por que se dar ao trabalho de oferecer esses presentes?

E quanto a você? Você faz o mesmo. Já o vi procurando um presente para comprar. Já o vi andando de cabeça erguida pelos corredores dos *shopping centers*. Não estou falando de presentes obrigatórios. Não estou descrevendo um presente de última hora, um perfume comprado na farmácia a caminho da festa de aniversário. Esqueça as etiquetas vermelhas de promoção e os descontos especiais; estou falando daquela pessoa e daquele presente mais que especiais... Por que você faz isso? Você faz isso para ver olhos arregalados. Faz isso para que o coração dispare. Faz isso para ouvir estas palavras de incredulidade: "Você fez isso para mim?".

É por isso que você faz. E foi por isso que Deus fez. Na próxima vez em que o nascer do sol arrancar-lhe um suspiro ou um jardim florido deixá-lo sem fala, não se mova. Não diga nada. Ouça o céu sussurrar: "Gostou? Eu fiz isso só para você".

A GRANDE CASA DE DEUS

Qual é o tamanho de Deus?

O que é impossível para o homem é possível para Deus.

A natureza é a oficina de Deus. O céu é seu currículo. O Universo é seu cartão de visita. Quer saber quem Deus é? Veja o que ele tem feito. Quer conhecer seu poder? Dê uma olhada em sua criação. Curioso a respeito de sua força? Faça uma visita à casa dele neste endereço: Avenida Céu de Um Bilhão de Estrelas...

Ele não é manchado pela atmosfera do pecado,
não é controlado pela linha do tempo da história,
não é tolhido pelo desgaste do corpo.

Aquilo que o domina não domina Deus. Aquilo que o perturba não perturba Deus. Aquilo que o fatiga não fatiga Deus. A águia se incomoda com o trânsito? Não, ela voa acima dele. A baleia se deixa perturbar por um furacão? Claro que não, ela mergulha abaixo dele. O leão se aflige com o rato que intercepta seu caminho? Não, passa por cima dele.

Deus é capaz de muito mais. Ele é capaz de voar acima, mergulhar abaixo e passar por cima dos problemas do mundo!

A GRANDE CASA DE DEUS

Deus é seu lar

O preço dos seus pecados é muito mais alto do que você pode pagar. A dádiva do seu Deus é muito maior do que você pode imaginar.

Não pense que você está separado de Deus: ele no último degrau de uma escada muito alta, você no primeiro. Descarte qualquer pensamento de que Deus está em Vênus, e você, na Terra. Deus é Espírito (Jo 4:23), por isso está perto de você: Deus é seu teto. Deus é sua parede. E Deus é seu alicerce.

Moisés sabia disso. "Senhor", ele orou, "tu és o nosso refúgio, sempre, de geração em geração" (Sl 90:1). Que pensamento maravilhoso: Deus é seu lar. Seu lar é o lugar onde você pode chutar os sapatos para longe, comer picles e biscoitos, e não se preocupar com o que as pessoas pensam quando o veem de roupão.

Seu lar é um lugar que você conhece muito bem. Ninguém precisa lhe dizer onde está o seu quarto; você não precisa de orientação para chegar à cozinha. Depois de um dia difícil lutando para se situar neste mundo, é tranquilizador voltar para casa, para o lugar que você conhece. Deus também pode ser um velho conhecido seu. Com o tempo, você pode aprender onde buscar sustento, onde se esconder para obter proteção, onde conseguir orientação. Da mesma forma que sua casa terrena é um lugar de refúgio, a casa de Deus é um lugar de paz. A casa de Deus nunca foi saqueada, suas paredes nunca apresentaram rachaduras.

A GRANDE CASA DE DEUS

Ponha entusiasmo em sua caminhada

No santuário da adoração, afastamos os pensamentos de nós mesmos e nos concentramos em Deus. A ênfase está nele.

Alguns anos atrás, um sociólogo acompanhou um grupo de alpinistas a uma expedição. Entre outros aspectos, ele observou uma correlação distinta entre o pico coberto de nuvens e o contentamento. Quando não havia nuvens e o pico podia ser visto, os alpinistas eram vibrantes e cooperavam entre si. Porém, quando as nuvens negras impediam a visão do topo da montanha, os alpinistas ficavam mal-humorados e egoístas.

O mesmo acontece conosco. Quando nossos olhos estão fixos na majestade de Deus, nossa vida se enche de entusiasmo. Mas quando nossos olhos se concentram na lama embaixo de nós, reclamamos de qualquer pedra ou valeta que tenhamos de atravessar. Foi por isso que Paulo recomendou: "Portanto, já que vocês ressuscitaram com Cristo, procurem as coisas que são do alto, onde Cristo está assentado à direita de Deus. Mantenham o pensamento nas coisas do alto, e não nas coisas terrenas" (Cl 3:1-2).

A GRANDE CASA DE DEUS

Pensamentos de Deus

Fé no futuro produz poder
no presente.

Pedimos graça e descobrimos que já fomos perdoados. (Como sabias que eu pecaria?)

Pedimos alimento e descobrimos que a provisão já foi feita. (Como sabias que eu sentiria fome?)

Pedimos orientação e encontramos respostas na antiga história de Deus (Como sabias que eu faria esse pedido?)

Deus habita numa esfera diferente...

Os pensamentos de Deus não são os nossos pensamentos, nem semelhantes aos nossos. Não estamos sequer no mesmo patamar. Nós pensamos em preservar o corpo; ele pensa em salvar a alma. Sonhamos com um aumento de salário. O sonho dele é ressuscitar os mortos.

Evitamos sofrimento e queremos paz. Deus usa o sofrimento para trazer paz. "Quero viver antes de morrer", decidimos. "Morra, para que você possa viver", ele instrui. Amamos tudo que enferruja. Ele ama tudo que resiste ao tempo. Alegramo-nos com nossos sucessos. Ele se alegra com nossas confissões. Mostramos a nossos filhos um jogador famoso com um sorriso de um milhão de dólares no rosto e dizemos: "Seja como ele". Deus aponta para o carpinteiro crucificado, com os lábios sangrando e o lado do corpo rasgado por uma lança, e diz: "Seja como Cristo".

A GRANDE CASA DE DEUS

Ninguém adquire o hábito de orar sem orar

Quanto tempo faz que você se entregou a Deus? Que se entregou a ele de verdade? Quanto tempo faz que você lhe entregou uma parte de seu tempo sem misturá-lo com outras coisas, sem interrupções, só para ouvir a voz dele? Jesus fez isso de modo evidente. Ele fez um esforço deliberado para estar com Deus.

Quando passamos um longo tempo lendo a respeito dos momentos em que Jesus ouvia a voz do Pai, observamos uma tendência distinta. Ele estava sempre em comunhão com Deus, orando e ouvindo. Marcos diz: "De madrugada, quando ainda estava escuro, Jesus levantou-se, saiu de casa e foi para um lugar deserto, onde ficou orando" (Mc 1:35). Lucas narra: "Mas Jesus retirava-se para lugares solitários, e orava" (Lc 5:16).

Vou fazer uma pergunta óbvia. Se Jesus, o Filho de Deus, o Salvador imaculado da humanidade, considerava importante deixar tudo de lado para orar, não seria sábio fazer o mesmo?

Além de passar um tempo habitual com Deus em oração, Jesus passava um tempo habitual com a Palavra de Deus. É claro que não vemos Jesus retirando da mochila um Novo Testamento encadernado em couro e lendo-o. Vemos, no entanto, o exemplo fascinante de Jesus, em meio à agonia da tentação no deserto, usar a Palavra de Deus para debater com Satanás. Três vezes ele é tentado, e todas as vezes repele o ataque com a frase: "Está escrito" (Lc 4:4,8,12) e em seguida cita um versículo. Jesus tem tanta familiaridade com as Escrituras que, além de conhecer o versículo, sabe o momento certo de usá-lo.

E, logo depois, há o momento em que Jesus foi solicitado a ler na sinagoga. Entregaram-lhe o livro de Isaías, o profeta. Ele encontra a passagem, lê e declara: "Hoje se cumpriu a Escritura que vocês acabaram de ouvir" (Lc 4:21). Temos a descrição de uma pessoa que sabe manusear a Escritura e reconhece seu cumprimento. Se Jesus considerava sábio ter familiaridade com a Bíblia, não deveríamos fazer o mesmo?

Se queremos ser semelhantes a Jesus — se queremos ter ouvidos que ouçam a voz de Deus —, acabamos de descobrir dois hábitos que valem a pena ser imitados: o hábito da oração e o hábito da leitura da Bíblia. Medite nestes versículos:

> Baseie sua felicidade em sua esperança em Cristo. Quando as provações surgirem, sofra com paciência; mantenha com firmeza o *hábito da oração.*
>
> Rm 12:12
> (Phillips, tradução livre, grifo do autor)

> O homem que observa a lei perfeita, a lei da liberdade, e faz disso um hábito, não é um homem que ouve e esquece. Ele põe a lei em prática e conquista a verdadeira felicidade.
>
> Tiago 1:25
> (Phillips, tradução livre)

Se queremos ser semelhantes a Jesus, precisamos passar um tempo habitual conversando com Deus e ouvindo sua Palavra

SIMPLESMENTE COMO JESUS

Anjos o protegem ao longo da jornada

Milhares de anjos aguardaram o chamado de Cristo no dia da cruz. "Você acha que eu não posso pedir a meu Pai, e ele não colocaria imediatamente à minha disposição mais de doze legiões de anjos?" (Mt 26:53). Uma legião equivalia a seis mil soldados. Um rápido cálculo matemático revela que 72 mil seres celestiais (quantidade suficiente para lotar mais de uma vez e meia o Estádio Angel, em Los Angeles) estavam a postos para resgatar o Mestre. Apocalipse, um livro repleto de visões sobre o mundo futuro, refere-se aos anjos ao redor do trono celestial desta maneira: "Então olhei e ouvi a voz de muitos anjos, milhares de milhares e milhões de milhões [...]" (Ap 5:11).

Se Deus nos abrisse os olhos, o que veríamos? Mães e pais, vocês veriam anjos escoltando seu filho a caminho da escola. Viajantes, vocês veriam anjos circundando o avião. Pacientes, vocês veriam anjos monitorando os movimentos do cirurgião. Adolescentes, vocês veriam anjos vigiando seu sono. Muitos, muitos anjos.

Asas de seda e doçura de um merengue? Essa pode ser a descrição de anjos apresentados em livros de presentes e em lojas especializadas, mas os anjos de Deus são caracterizados por uma força indescritível. Paulo diz que Cristo virá "com os seus anjos poderosos" (2Ts 1:7). Da palavra traduzida por "poderoso" originou-se nosso vocábulo "dinâmico". Os anjos dispõem de uma força dinâmica. Foi necessário apenas um anjo para exterminar os primogênitos do Egito e apenas um anjo para fechar a boca dos leões a fim de proteger Daniel. Davi chamou os anjos de "anjos poderosos, que obedecem à sua palavra" (Sl 103:20).

Não há necessidade de conversarmos com os anjos; eles não nos ouvem. Seus ouvidos se inclinam apenas à voz de Deus. Os anjos são "espíritos que servem a Deus" (Hb 1:14, NCV, tradução livre), que respondem ao seu comando e obedecem apenas às suas orientações. Jesus disse que eles "estão sempre vendo a face de meu Pai celeste" (Mt 18:10). Apenas um som é importante para os anjos — a voz de Deus. Apenas uma visão os atrai — a face de Deus. Os anjos sabem que Deus é o Senhor de tudo.

Em razão disso, eles o adoram. Quer seja no templo com Isaías, quer seja no campo com os pastores de Belém, os anjos adoram. "Todos os anjos de Deus o adorem" (Hb 1:6). Eles o adoraram e o adoram.

Lembra-se da referência anterior aos milhares de milhares e milhões de milhões? Sabe o que eles estavam fazendo? A Bíblia relata:

> Todos os anjos estavam em pé ao redor do trono [...] dizendo:
>
> "Amém!
> Louvor e glória,
> sabedoria, ação de graças,
> honra, poder e força
> sejam ao nosso Deus
> para todo o sempre.
> Amém!".
>
> Apocalipse 7:11-12

Será que isso não proclama em alta voz a beleza de Deus? Os anjos poderiam contemplar o Grand Teton e o Grand Canyon, as pinturas de Picasso e a Capela Sistina, mas preferiram fixar os olhos na glória de Deus. Não se cansam de olhar para ele, e não conseguem silenciar-se a respeito do que veem.

Neste exato momento em que você lê estas palavras, os servos imaculados de Deus estão oferecendo adoração incessante ao Criador. Ele é, lembre-se, o Criador deles. Houve uma época em que os anjos não existiam. E, de repente, por decreto de Deus, eles passaram a existir.

Pois nele foram criadas
todas as coisas
nos céus e na terra,
as visíveis e as invisíveis,
sejam tronos ou soberanias,
poderes ou autoridades;
todas as coisas foram criadas por ele e
para ele.

Colossenses 1:16

Os anjos completam a criação invisível de Deus. Eles o adoram e — aqui está um refrigério para os corações sedentos — nos protegem. "Os anjos não são, todos eles, espíritos ministradores enviados para *servir aqueles que hão de herdar a salvação?*" (Hb 1:14, grifo do autor).

QUEM TEM SEDE VENHA

Ensina-nos a orar

Pai nosso,

Obrigado por me adotares em tua família.

que estás

Obrigado, meu Senhor,
porque és um Deus do tempo verbal presente:
meu Jeová Jiré (o Deus que provê),
meu Jeová Raá (o Pastor que cuida),
meu Jeová Shalom (o Senhor é paz),
meu Jeová Rafá (o Deus que cura),
e meu Jeová Nissi (Senhor, minha bandeira).

nos céus!

Tua oficina de criação me faz lembrar que, se foste capaz de fazer os céus, és capaz de compreender minhas lutas.

Santificado seja o teu nome.

Sê santo em meu coração.

Estás acima de tudo e de todos.

Capacita-me a fixar os olhos em ti.

Venha o teu reino;

Vem, reino!

Sê presente, Senhor Jesus!

Reina livremente em cada parte de minha vida.

seja feita a tua vontade,

Revela teu coração a mim, Pai querido.

Mostra-me qual é o meu papel em tua paixão.

assim na terra como no céu.

Obrigado por silenciares o céu para ouvir minha oração.

Dá-nos hoje o nosso pão de cada dia.

Eu aceito tua porção para minha vida hoje.

Entrego a ti as preocupações acerca de meu bem-estar.

Perdoa as nossas dívidas,

Eu te agradeço pelo teto que, por tua graça, colocas acima da minha cabeça,

montado com a madeira e os pregos do Calvário.

Não há nada que eu possa fazer para conquistar ou aumentar tua misericórdia.

Confesso meus pecados a ti.

assim como perdoamos aos nossos devedores.

Trata-me, Pai, como eu trato as outras pessoas.

E não nos deixes cair em tentação,

Permite que minha mão pequenina seja envolvida nas tuas.

Segura-me para que eu não caia.

Pai nosso... dá-nos... perdoa-nos... guia-nos.

Que tua bondade esteja em toda a tua igreja.

Oro especialmente pelos pastores perto de nós e pelos missionários distantes de nós.

Teu — não meu — é o Reino.

Deposito meus planos aos teus pés.

Teu — não meu — é o poder.

Recorro a ti em busca de força.

Tua — não minha — é a glória.

O crédito é todo teu.

Para sempre. Amém.

A GRANDE CASA DE DEUS

Bibliografia

Todo o material deste livro foi originariamente publicado nos livros de Max Lucado apresentados a seguir. O autor detém o copyright das obras originais. Embora a maioria dos títulos esteja disponível em português, a seleção original dos textos desta obra foi traduzida exclusivamente para esta publicação.

A grande casa de Deus. Rio de Janeiro: CPAD, 2005.
Nas garras da graça. Rio de Janeiro: CPAD, 1999.
O aplauso do céu. Campinas: United Press, 2005.
In the Word with Max Lucado. Nashville: W Publishing Group, 2003.

Simplesmente como Jesus. Rio de Janeiro: CPAD, 2000.

Ouvindo Deus na tormenta. Rio de Janeiro: CPAD, 2006.

Quando Deus sussura o seu nome. Rio de Janeiro: CPAD, 2002.

Aliviando a bagagem. Rio de Janeiro: CPAD, 2002.

Quem tem sede venha. Rio de Janeiro: CPAD, 2006.

Meus objetivos pessoais:

Objetivos para três meses

Objetivos para seis meses

Objetivos para um ano

Objetivos para dois anos

Objetivos para quatro anos

Objetivos para a vida inteira

Providências que devo tomar
para alcançar meus objetivos:

Objetivos para três meses

Objetivos para seis meses

Objetivos para um ano

Objetivos para dois anos

Objetivos para quatro anos

Objetivos para a vida inteira

Versículos favoritos da Bíblia,
citações, poemas, provérbios:

Livros e cânticos favoritos:

Anotações:

Compartilhe suas impressões de leitura escrevendo para:
opiniao-do-leitor@mundocristao.com.br
Acesse nosso *blog*: www.mundocristao.com.br/blog

Diagramação: Sonia Peticov
Preparação: Luciana Chagas
Revisão: Josemar de Souza Pinto
Fonte: Caslon
Gráfica: Imprensa da Fé
Papel: Lux cream 70 g/m² (miolo)
Cartão 250 g/m² (capa)